酷小孩系列

学习小能手

[韩] 李伶珠 / 文　[韩] 沈　叹 / 图　霍　慧 / 译

二十一世纪出版社集团
21st Century Publishing Group

目录

第四章　集中注意力太难了　44

第五章　准备单元测验　56

第六章　考完试就不用学习了吗　66

大脑开发项目　75

引子

回家路上
金嘚瑟又考了100分，
不知道这次他又要怎么显摆！
是呀。我妈说如果我考不到80分，
就别想看综艺节目！
唉声
叹气
飕
飕
飕
悄悄
怎么感觉
有点儿奇怪？
嘀
嘀
嘀嘀嘀
有气无力
您是谁？
转
停顿
转
悟学道长在此！
唰
嗖
唰唰
吓我一跳！
什么？你们是谁？
要不要报警？

你们……不想
学习变好吗?
等等!
抖
抖
唰
报警?
妈妈说不能跟陌生人说话!
所以我们先……
决不让你们走!
除非你们从我身上
踩过去!
先听我说嘛!
上课时，你们一听老师
说话就犯困吧?
逃跑
嗒嗒嗒
辫子高耸
背了又背，却还是会忘。
哦哦
惊吓
唰
一坐到书桌前就干别的;
做错的题会一直错;
作业一直拖，交作业前才突击，对吗?
啊!
嗯?
他怎么知道?
您到底是怎么知道的?
呃啊!

你身上有味道！有味道！
嗅
嗅
我今天早晨洗澡了呀！
什么？
什么？
我们告诉有学习烦恼的孩子学习方法。
唰——
我们旺仔对学习烦恼的气味非常敏感。今天竟然能遇到气味如此浓重的两个孩子，真是不容易呀！怎么样，你们想不想学？
嗨哟
嗨嗨哟
哎嗨哟
您会教我们学习变好的方法？
啪
真的？
哇！
当然！只有因为不懂方法而学习不好的人，没有因为脑子笨而学习不好的人。

求您一定要教我！
紧抓
嗖
紧紧
喂！你不怕他是骗子吗？不能随便跟陌生人走！
那明天来我办公室吧！给，拿着！
我走了！
嗒嗒嗒
请别扔！
大师资格协会认证
学习大师
悟学道长
官方认证
星期日休息。地址在背面！

人物介绍

悟学道长

摇一摇扇子就能想出解决办法的学习大师。专为孩子们解决烦恼。据说他那像被闪电劈过的卷发里藏有秘密……

旺　仔

悟学道长的助手，一只直立行走的狗狗。跟随悟学道长三年多，能闻出儿童“学习烦恼的气味”。

王一般

学习一般，体育一般，什么都很一般的小学生。其实，他比谁都想学习好。最看不惯同班自以为是的金嘚瑟。

罗小厨

梦想着成为烹饪主播的小学生。比起学习，他更喜欢烹饪，但爸爸妈妈说他应以学业为重，为此他非常苦恼。

第一章
王一般和罗小厨
拜访悟学道长

哑哑
哑哑
学习大师办公楼
轰隆轰隆
飕飕
先进去再说吧!
要不还是
回家吧!
你们来了!
嗅
嗅
嗅
嗅
悟学道长
办公室
呃
啊
吓死我了!
您是怎么知道的?
旺仔闻到了学习
烦恼的气味,所以
我知道你们来了。
你们的
气味很浓!
啊,好像是真的。
进来吧!
告诉你们学习
方法之前,
我有个条件。
是要交钱吗?我的
零钱都花光了!
我也是!

唉，我们要是靠卖学习方法挣钱，办公室能是这个样子吗？
说的也是。
左顾右盼
呜呜呜
抽泣
反应这么快，我会很受伤的。
那您的条件是什么？
即使我告诉你的方法既简单又平常，你也要相信我，照我的方法做！提取关键词首字，简称“简平相照”，好记吧？
你相信吗？
就这个条件啊？我以为是什么呢，没问题！
相信！
相信！
我也是。
好，现在我就告诉你们第一个秘诀！那就是……
哇哦！
到底是什么呢？
上课时注意听讲！
哑哑
这不是废话吗？
呃
我们回家了。再见……
骗子！
我们还是走吧！
拖走

还是个急性子！
要不先看看这个吧！旺仔，放视频！
嘀
嘀
嘀
昨天第二节课
全神贯注
努力学习！
芸豆有两片子叶，在真叶长出来之前……
我得努力学习……
咿唔
植物生长所需的条件是……
呃，好困。
秒睡
啊！这是什么时候拍的？都是第一次见到的词汇，根本不懂什么意思，太无聊了，所以不知不觉……嘿嘿！
这样啊，我倒是有一个非常简单的解决方法，那就是——
预习！
预习？

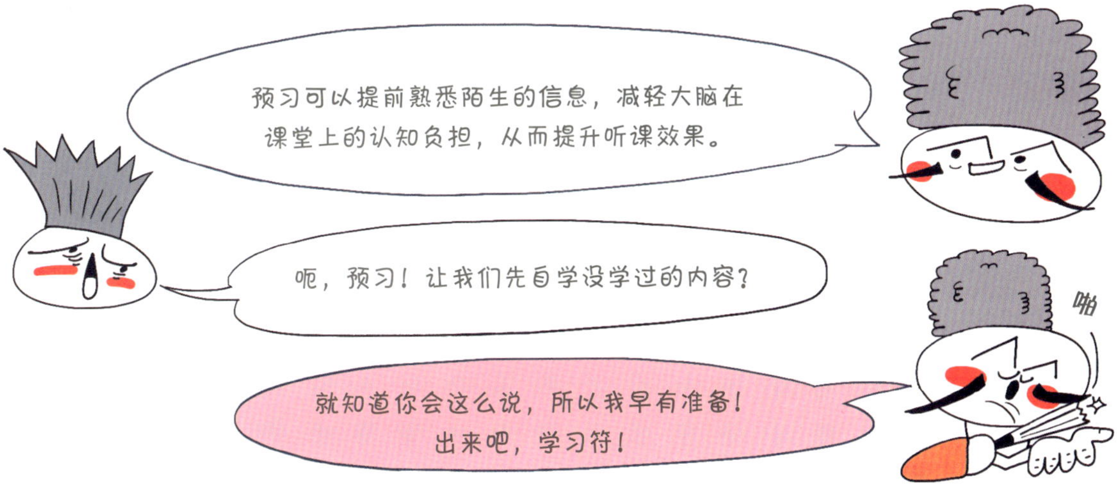

只需5分钟的预习法

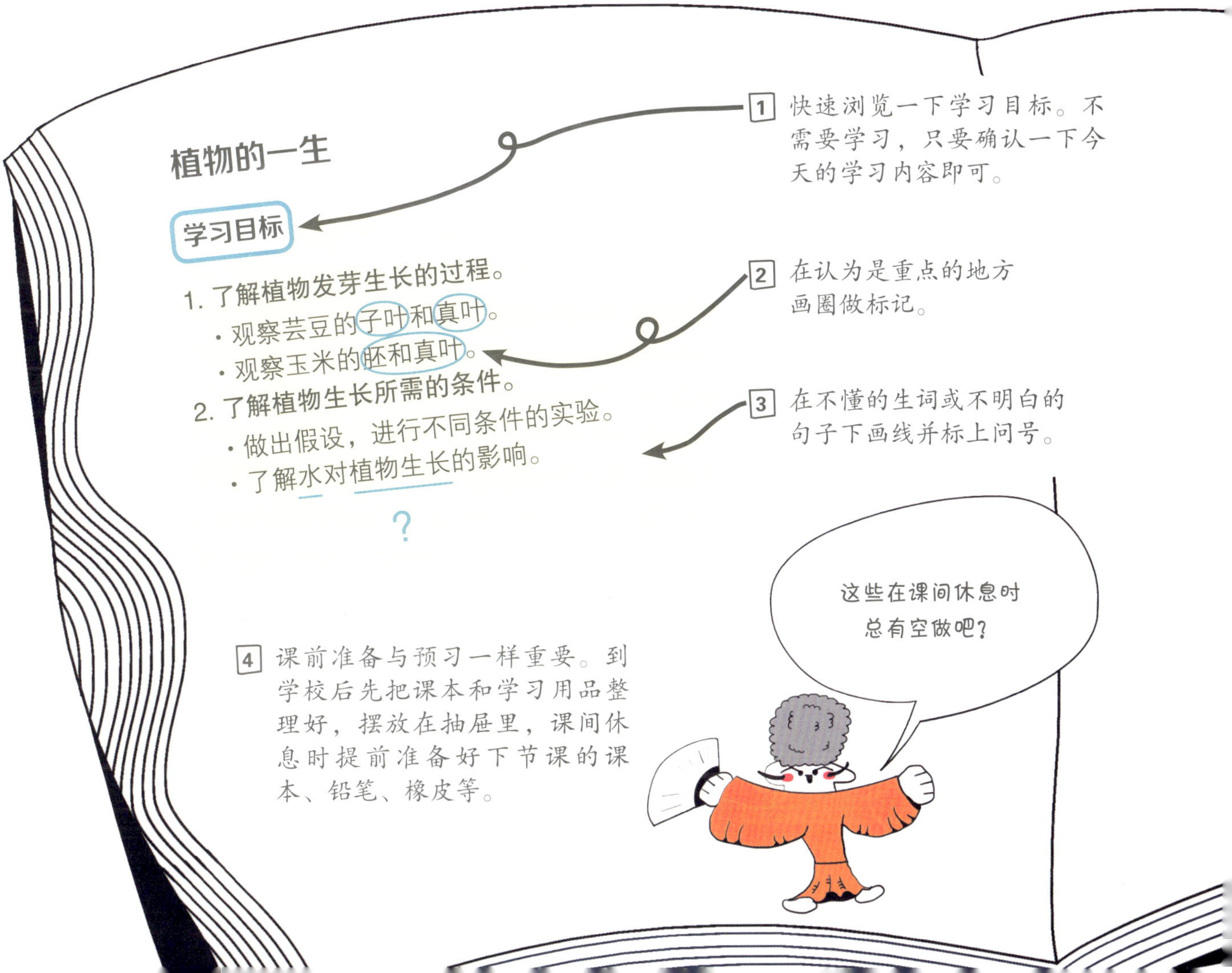

1 快速浏览一下学习目标。不需要学习，只要确认一下今天的学习内容即可。

2 在认为是重点的地方画圈做标记。

3 在不懂的生词或不明白的句子下画线并标上问号。

4 课前准备与预习一样重要。到学校后先把课本和学习用品整理好，摆放在抽屉里，课间休息时提前准备好下节课的课本、铅笔、橡皮等。

只要这样做就够了吗？
当然！如果提前了解上课内容，听课时就容易抓住重点，不会觉得无聊，也不会犯困。就算看起来很简单，很平常——
也要相信并照着做！
好，继续吧！
嘀嘀嘀
昨天第二节课
这是要滚到哪儿去？
骨碌骨碌骨碌骨碌
喵呜
一会儿去看蚂蚁窝。
哦！
这是……
汪汪
上课时间我干了那么多事儿！
我真的是无法集中注意力！
啪
啪
所以我早有准备。上课集中精力的学习符，出来吧！

悟学道

上课时怎么集中注意力，停止胡思乱想

使用"胡思乱想本"

上课时如果开小差，就赶紧把想法记在一本专用的"胡思乱想本"上，课后再去想，这样可以及时停止走神。

学会课堂倾听

倾听非常重要。要主动地听，用心地听，并与老师保持目光交流，及时表达是否听懂，这样听课才有效。

端正坐姿

坐姿不端正，就不能集中精力。把腰背挺直，紧贴椅背；双手十指交叉放在桌面上，防止东摸摸西摸摸。

提高听觉专注力

如果很容易被老师讲课以外的声音干扰，就让家人和朋友帮忙进行听觉专注力训练！

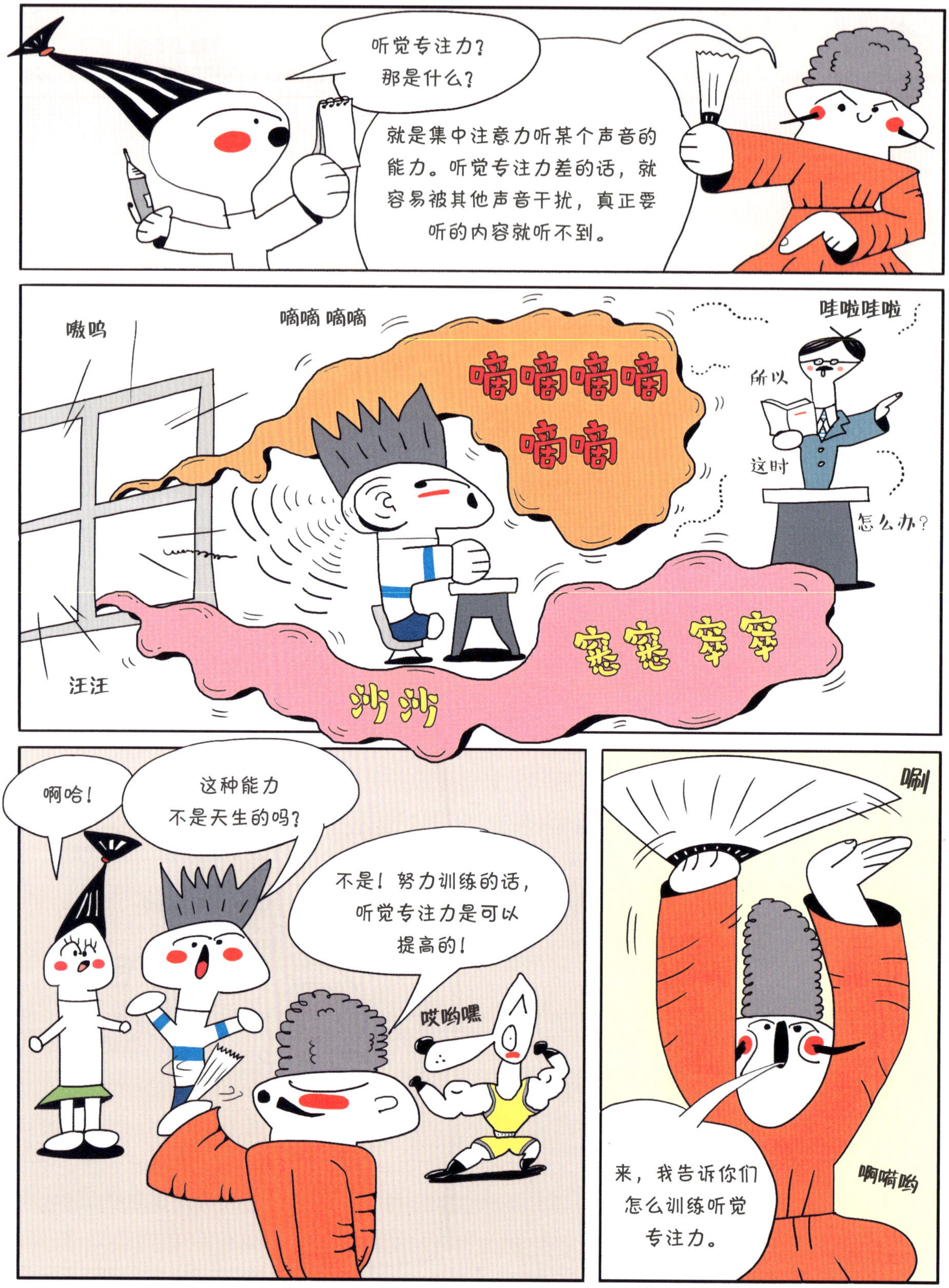
听觉专注力？
那是什么？
就是集中注意力听某个声音的能力。听觉专注力差的话，就容易被其他声音干扰，真正要听的内容就听不到。
嗷呜
嘀嘀 嘀嘀
哇啦哇啦
所以
嘀嘀嘀嘀
嘀嘀
这时
怎么办？
窸窸 窣窣
汪汪
沙沙
啊哈！
这种能力
不是天生的吗？
不是！努力训练的话，听觉专注力是可以提高的！
哎哟嘿
唰
来，我告诉你们怎么训练听觉专注力。
啊嗬哟

学习有方 唰

做加法记数字训练

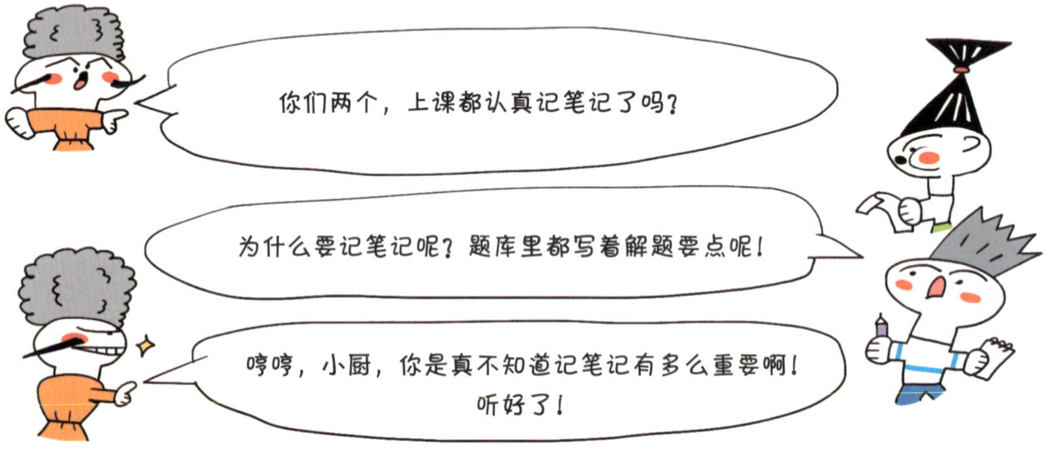

做笔记可以记得更牢

人的记忆分为瞬时记忆、短时记忆和长时记忆。顾名思义，瞬时记忆眨眼即忘，而我们在课堂上新学的内容过不了多久也会被忘记，属于短时记忆。做笔记有助于把它们转变为长时记忆。

在做笔记的时候，大脑会思考什么是重要的内容，并把长时记忆中的信息拿出来和新获得的信息做比较。经过这样的过程，新信息会由短时记忆转变成长时记忆。

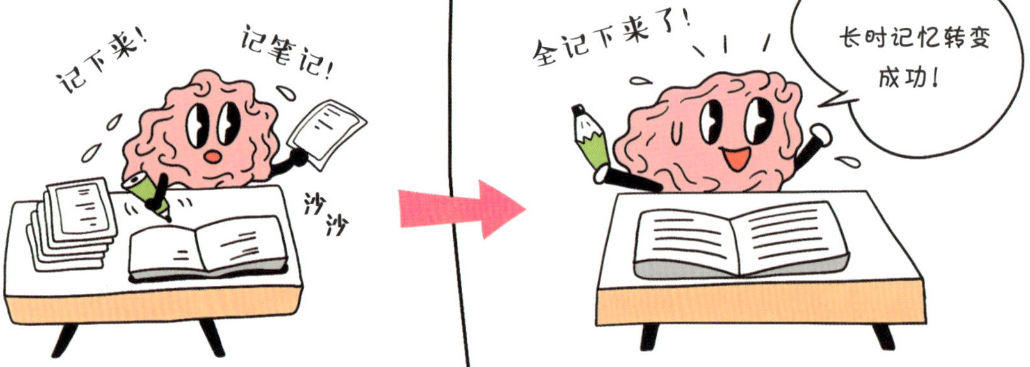

道长，记笔记真的有效果吗？
我很认真地记笔记了，可是单元测验的成绩……
反正很糟！
一起看看你的笔记吧！
<第三单元>
植物的一生
在两个大小相同的花盆里种上芸豆种子，放在阳光充足的地方。将其中一盆用暗箱罩住。两个花盆都定期浇灌足够的水。一周后观察。
了解芸豆发芽的过程。
种子很硬。种子膨胀了。
生根了。发芽了，长出两片子叶。子叶凋谢，真叶长大。
真叶是种子发芽后，在子叶后长出的普通叶子，与玉米类似。不同的是，玉米是单子叶植物，只有一片子叶。
植物发芽后，茎会变粗。叶子变大，数量增多。
记得确实很认真。这些内容里，哪个是最重要的内容？
全部都是？
普通笔记
啪
啪
好，现在我来教你们一种重点一目了然的笔记法！出来吧，学习符！
呜哇

推荐新手使用康奈尔笔记法

康奈尔笔记法是康奈尔大学教授沃尔特·鲍克首创的一种记笔记的方法，简明扼要。先将笔记的页面分成四个部分，如下图所示。

第三单元：植物的一生
1. 植物的一生
学习目标：了解芸豆的生长过程。

种子 子叶 真叶	芸豆发芽生长的过程： （1）种子很硬。 （2）种子膨胀。 （3）生根了。 （4）发芽了，长出两片子叶。 （5）子叶凋谢，真叶长大。 植物发芽后： （1）茎会变粗。 （2）叶子变大，数量增多。

芸豆先长子叶，后长真叶。

第一步 写学习目标

写下大单元、小单元的标题以及学习目标，按照课本上的学习目标写就行。

第二步 上课记笔记

记录上课时老师要求记录的内容和你认为重要的内容。标题要分级，知识点要标序号，这样比较容易看懂。

第三步 找到并记录关键词

找到所学内容中的关键词，写下来。复习时先读关键词，再联想上课内容，然后再看右侧的笔记，这样效果更好。

第四步 概括总结

将所学内容用一两句话概括总结。比较难总结时，可以用第三步找出的关键词造句。

啊！竟有这样的方法！
唰
普通笔记
好可惜……
好！笔记本，等着我！我来把你画得更漂亮！
等一下！在你还是记笔记新手期间，我要封印你的彩笔！
掏出
等等
放进来！
什么？
为什么？
只能用一种颜色！
如果色彩太丰富，就不容易找到重点。因此，在熟悉这种方法之前，最好只用一种颜色的笔来记笔记。
可是，什么时候记笔记呢？
上课时记最好！
既要仔细听老师讲课，又要记笔记，我可不会分身术！
呃啊，忙死我了！
那么，学习目标在预习时写，关键词和总结在课后写。
唰
嗯，这样可以。
这样一个身体差不多够用了。
试试看！
真棒！

学习有方 唰

做笔记的好帮手

当你摆脱笔记菜鸟，熟练到一定程度时，就可以用各种文具来提升记笔记的效果。我给你介绍一下相关的文具。

便利贴

可以反复撕贴的便利贴。在需要补充笔记内容时使用。

★ 玉米有一片子叶，芸豆有两片子叶。

第三单元：植物的一生

1. 植物的一生

学习目标：了解芸豆的生长过程。

种子 子叶 真叶	芸豆发芽生长的过程： （1）种子很硬。 （2）种子膨胀。 （3）生根了。 （4）发芽了，长出两片子叶。 （5）子叶凋谢，真叶长大。 植物发芽后： （1）茎会变粗。 （2）叶子变大，数量增多。

芸豆先长子叶，后长真叶。

彩色铅笔

彩色铅笔的特点是不晕染，线条粗，比较显眼。

荧光笔

涂在字迹上，字迹不会被覆盖。不同颜色代表不同的分类。

第二章

抓住要消失的记忆力

你们来了！
啊！悟学道长！
悟学道长办公室
嘟嘟囔囔
N, E, C, E, C……
天哪！为什么
不是C
而是S?
为什么？
为什么？
为什么？
一般，
一般。
他怎么了？
汪汪
旺仔助手！
嘀嘀嘀
英语培训班
英语
嗯
(N)
(E)
(C)
(E)
好，现在开始考试，
把单词本都收起来。
啊！
单词本

学习有方 联想和重复才是记忆的王道

19世纪，德国心理学家艾宾浩斯以自己为研究对象，做了一个背诵无意义词汇的记忆实验，并绘制出了著名的艾宾浩斯遗忘曲线，由此发现了人类记忆和遗忘的规律，揭示了遗忘和重复学习的关系。

我们都遇到过昨天背的单词今天就忘的情况，这不代表我们学得不够认真，这种遗忘是符合规律的。所谓“温故而知新”，学习是一个不断重复的过程，最重要的是学习方法。实际上，我们背诵的内容大多数都是有具体意义的知识点或词汇，所以我们只要采取联想记忆法并掌握好背诵的频次，学习效率就会大大提高了。

对，比如早上学的那个单词，我联想成中文“苹果味的炸葡萄”，回到家也不会忘！
来，我们来练习一下！在1分钟之内，给这些图片加上具体意义并记住。
汪汪
嘀嗒 嘀嗒
嘀嗒
嘀嗒
停！放音乐！
Music!
嗖
咚咚咚
嗖
唰
嗖
唰
沙沙
嚓
唰
沙沙
鼓掌
亮相
旺仔真棒！
啪啪
啪啪
现在轮到你们了，把刚才看到的图案画出来吧！

原来旺仔跳炫舞是为了干扰我们俩！
啊！上当了！
来，你们各自说一说想法。
从袋子里伸出的猪脚
猪脚
午餐肉
我喜欢的三明治
看报纸的猫
系蝴蝶结的绳子
比想象中记得多呢！这都是添加意义的效果。好了，学习符，出来吧！
啪啪
嘀嘀

怎样记得又快又牢

1 联想记忆法

背又长又难的英文单词时，可以按照单词的字母顺序编个故事。背单词时只要联想自己编的故事即可。

necessary（必需的）
拿 维生素（给）莎莉
（维生素C，维生素E，维生素S）

embarrassed（尴尬的）
在 酒吧 放松
（与in同音） （与rest同音）

2 把信息浓缩起来——快、准、牢的口诀记忆法

自古以来人们就知道，押韵的歌谣更容易被记住。把需要记忆的内容浓缩，精准提取出核心词并编排成歌谣、顺口溜来记忆的方法就是口诀记忆法，也叫歌谣记忆法。这种方法轻松有趣，很容易把短时记忆转变为长时记忆，且记得又快又牢。

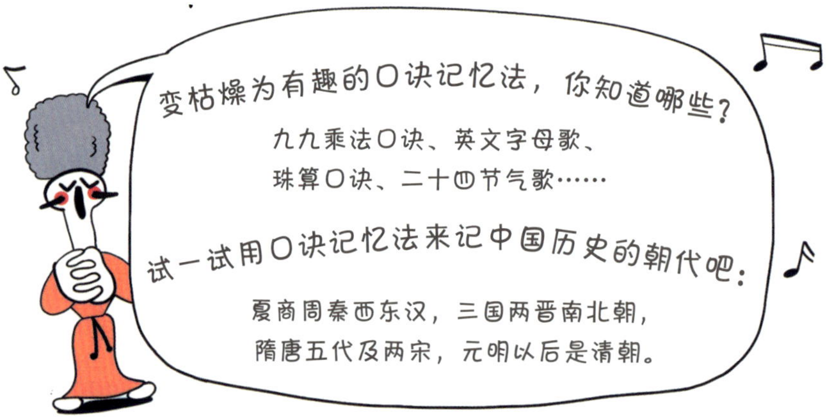

学习有方 唰

世界记忆锦标赛，寻找记忆王者

世界记忆锦标赛是由全球记忆大师和记忆爱好者共同参与的脑力赛事。1991年首次举办。大赛有很多项目，如：将一副扑克牌(52张)打乱顺序后速记新的顺序，在指定的时间内速记陌生的面孔和名字，在5分钟内记忆虚拟历史事件（日期），等等。

16,25,34,7,6,9,12,29,63,47,33,29,45,4,89,52……
韦沁汝
16，25，34……呃，后面是什么来着？
16，25，34，7，6，9……呃啊！不知道了！
2018年，14岁的广西女孩韦沁汝在第27届世界记忆锦标赛中勇夺全球总冠军，展现了5分钟速记608个数字的超强记忆力。
啊，太牛了！
世界记忆锦标赛设有年龄在12岁及以下的儿童组，你们也挑战一下吧！
啊！怎么可能？那不是天才们参加的比赛吗？
我？
呵呵呵
不是，记忆力是可以训练的嘛！听听国际记忆大师是怎么说的吧！
甩
唰
砰

专家谈

只有天才才能成为国际记忆大师吗

作为著名的记忆大师，您的超强记忆力是天生的吗?

当然不是。最初参赛的时候，我的实力并不怎么样，在与世界各国的记忆运动选手接触后，我认识到记忆力不完全是天生的，记忆的方法才是最重要的。而且思维越离奇有趣，成为记忆高手的可能性就越大。

怎样才能成为国际记忆大师?

想成为世界记忆运动理事会认证的国际记忆大师，首先要完成世界记忆锦标赛中全部10个项目的比赛，且当年比赛的总分在3000分以上；其次还要1小时内正确记忆14副扑克牌，1小时内正确记忆1400个随机数字，等等。

您能不能传授我们适合小学生的记忆技巧?

假设我们要记老虎、尺子、麦克风。首先按顺序想客厅里最熟悉的抽屉、沙发、电视，然后再做一些有趣的联想。

啊，老虎从抽屉里跳出来了!

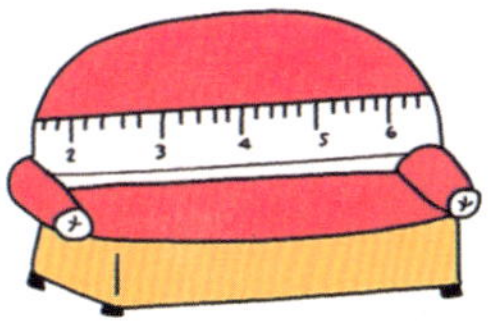

沙发上的褶皱很像尺子的刻度。

电视上出现了一个钻石麦克风。

联想之后，再次按顺序想抽屉、沙发、电视。
就会想起要记住的三个词：老虎、尺子和麦克风。
联想的内容越奇特，记忆维持的时间就越长。

回家的路上

动物医院
啊，竟然有世界记忆锦标赛！更神奇的是，还有提高记忆力的方法！
是呀。不过，悟学道长的话可信吗？
不知道，不过反正我需要这个，所以先选择相信。咦，需要？莎莉需要维生素，拿维生素C、E和S给莎莉，N, E, C, E, S, S, A, R, Y！
维生素！
哈哈，真的有用呢！
现在，学习我只信悟学道长！
哦哦哦哦哦哦
来找我吧！
相信
信赖
尊敬
啧
真拿你没办法。
我走了，再见！
提高记忆力的方法确实有效。难道真的如悟学道长所说，只要知道方法，就能学习好吗？
唔

第 三 章
噌噌增长的
“学习肌肉”

悟学道长办公室
呼呼呼呼……呼
小厨，你不舒服吗？
大师资格证
哦，我昨天没睡好。
困
哈欠
到底是什么事让你连觉都没睡好？
在学校也是这副样子。
打呼噜
嗯？是吗？
唰
旺仔助手！
懂吧？
嘀
播放
昨晚，小厨家
拍摄中
就这样左手撒，右手搅。
搅
搅
撒
撒撒
搅
罗小厨，老师打电话来，说你作业又没做！明天还不做的话，就不许再进厨房！绝对不许！
啊！
咣当
那样的话，就没办法拍视频。不更新内容，关注我的人就会减少，我的“百万粉丝主播梦”就会破灭……

晚上9:00
一定要全做完！
啪
唰唰
晚上9:30
吭哧
必须要做完，可是……
晚上10:00
熬、熬不……
东倒
西歪
半夜12:00
啊！
突然
打呼噜
凌晨1:00
终于做完了！
啪啪
啧
百万粉丝主播……啊！
原来是为了补作业才没睡够觉啊！
嘿嘿，为了梦想我也挺拼的。
怎么……
啧啧
啧啧
唰
小厨，你虽然坚持了你的梦想，但丢失了你的记忆……
啊？什么意思？
丢了什么？忘了。

睡觉时记忆增强

睡眠期间大脑将新掌握的信息转移到长时记忆中，加强记忆。神经科学家马修·沃克让实验者学习新的知识，并在他们睡觉前和睡觉后分别拍下大脑的影像，然后进行比较。结果发现，实验者睡觉前学习的知识被储存在短时记忆存储库——海马体中，而第二天早上，该信息已被储存在长时记忆存储库——新皮质中。在睡觉期间，大脑将新学习到的内容转变为长时记忆，使其能够被长时间记住。

让记忆力增强的睡觉方法

睡多长时间?

健康研究专家建议，6～13岁的儿童每天最好睡9～11个小时。

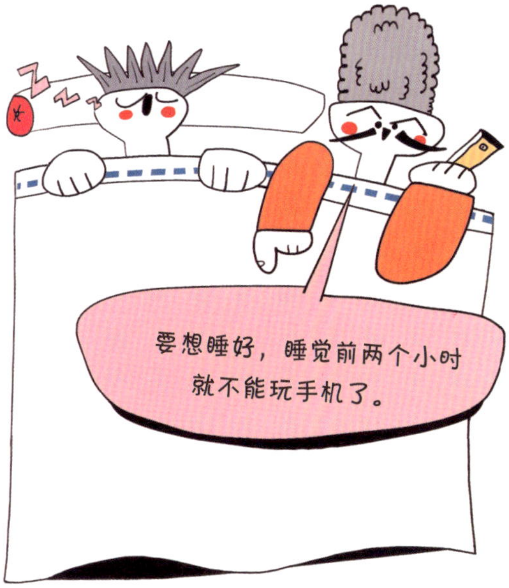

什么时候睡觉?

上床时间一定不要超过晚上11点。因为让人进入深度睡眠的褪黑素在晚上11点至凌晨分泌最为旺盛。

如果睡不着怎么办?

可以试试美国医生安德鲁·韦尔推荐的“4-7-8呼吸法”。

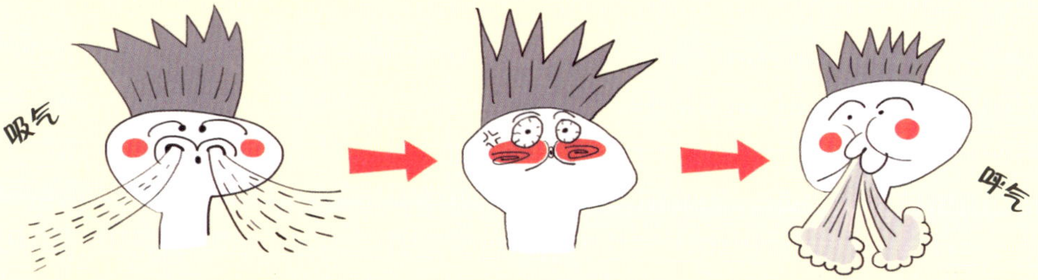

闭着嘴，用鼻子慢慢吸气，在心里默数4秒。

憋气7秒，让空气进入肺中。

慢慢地吐气，持续8秒。整个过程重复3～4次。

你睡得像死猪一样！昨天怎么不早点儿睡啊？
啊！我什么时候睡着的？
坐起
早睡能守护我的记忆力，却会葬送我的梦想啊！
啊哈！不用担心，我可以告诉你两全其美的方法！就是……
唰
当天的作业当天做完！
很简单！
这个最难好不好！
所以我早有准备。自觉学习计划表！
放假前制订的计划表
睡觉
学习与吃饭
这个假期我学习了！
今天就放假了！学习从明天开始，先去玩游戏吧！
计划表倒是制订了很多次，但一点儿用都没有。
对呀！根本不会照着做！
吼吼，我现在告诉你们的计划表不一样！出来吧，学习符！
啪啪

制订容易遵守的“自觉学习计划表”

学习计划最好按周制订。
因为每天的学习量比较容易控制。
学习量越准确，越容易完成计划。

自觉学习计划表

___月___日—___月___日

	任务1	任务完成	任务2	任务完成
星期一	背10个英文单词（20分钟）	○	做5页数学题（20分钟）	×
星期二	今日辅导练习题（30分钟）	□	做5页语文题（20分钟）	△
星期三		△		×
星期四		○		×
星期五		□		○
星期六	好好休息			
星期日	制订下周计划			

第一步 填日期

最好是一周的计划。确认上周计划的完成情况，每周都做新计划。

第二步 写学习内容

尽量把学习量、学习时间写具体。去培训班学习的时间不包含在自觉学习计划表内。

第三步 标注是否完成目标

可以自己设计符号，也可以使用下列推荐符号。下列符号比较简单。

□ 超过计划量
○ 完成计划量
△ 未完成计划量
× 完全没做

第四步 制订下周计划

双休让大脑休息。
大脑也需要时间整理学过的内容。
休息时间制订下周计划。

来，看一下小厨的学习计划。嘿嘿，制订得很实际嘛！
嗯，数学题做一页也可以吗？
当然！任务量少也没事，自觉学习计划的重点在于自己计划学习量。不过，一定要保证完成计划，一定！
那样做真的有用吗？
狗爪章
难道你忘了吗？“简平相照”！
知道吗？
喊口号！
简平相照

我要努力学习！
嗬！一般同学，你一次要学这么多内容吗？
做10页练习题，背100个单词……
我要努力学习，把金嘚瑟的鼻子气歪！
一次学太多，效果不好！
一次学太多内容，反而不容易记住。因为先学的内容和后学的内容会混作一团。
怎么会这样？
一次学太多也不好。
小学生一天学一两个小时就足够了，而且不能连续学，中间要停下来休息休息。

要制订真正能自觉遵守的计划，重做吧！
修订
王一般的自觉学习计划表
任务1 任务完成 任务2 任务完成
星期一 做4页数学题（20分钟） 背10个英文单词（20分钟）
星期二 学5个汉字（20分钟） 背10个英文单词（20分钟）
星期三 做4页数学题（20分钟） 学5个汉字（20分钟）
星期四 学5个汉字（20分钟） 背10个英文单词（20分钟）
星期五 做4页数学题（20分钟） 学5个汉字（20分钟）
星期六 好好休息
星期日 制订下周计划
这次我只计划每天必须完成两个任务。
休息时你们打算做什么？
可能……打游戏？
我要看综艺视频！
休息时看视频和打游戏可不是什么好选择！
No! No!
嗖——
为什么？
因为看动态画面的时候，大脑仍在不停地运转。我们可能会觉得看视频是一种放松和休息，但实际上跟学习一样都在用脑。
不看视频那干什么呢？
闭上眼睛冥想，或者抚摸柔软的毛绒玩具，都能让大脑得到休息。
好可爱！

这周就按这个计划表执行，然后再调整下周的计划表。一直保持下去的话，学习肌肉会更发达。
喀喀
啊，那就会成为适合我的学习计划表了！
学习肌肉更发达？
大家好，我是百万，哦，不，百分料理主播——罗小厨！
一百分
优
第一名
鼓鼓
学习肌肉
学习 power
对不起，我再也不显摆了……
你们想什么呢？
嘻嘻嘻嘻嘻嘻嘻嘻
咯咯咯咯咯
嘻嘻嘻
嘻嘻嘻嘻嘻
嘻嘻

第四章
集中注意力
太难了

学习大师
悟学道长
大师资格证
在这儿做完作业再走吧！
好！
5分钟后
挠
努力集中
嗯
好痒
抓抓
20分钟后
呃呃呃呃呃呃……
挠挠
唉，讨厌做作业！
谁说不是呢？今天的计划表上写着“做完培训班的所有作业”。
转转转
啊，根本就不能专心。我想看视频！
谁没有专心做作业？
开门
啊，吓我一跳！
妈呀！
吓一跳
嗅
嗅
嗅
嗅嗅
干什么？

学习有方 唰 测一下注意力能集中多久

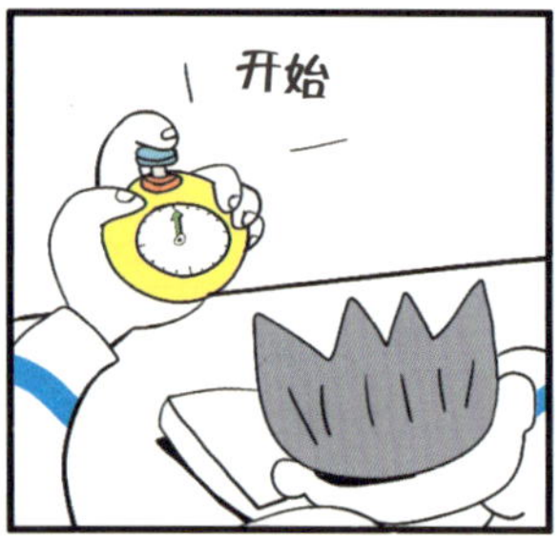

1 开始学习时就马上按下计时器。

2 中途开始走神儿的时候，立即按停计时器。

3 计时器上显示的数字就是注意力集中的时长。

翻来
翻去
掏出
啊，头油味儿！
来，测一下注意力集中的时长。
嗬！
咚
嗬！
好，预备，开始！
咔嗒
嘀嗒 嘀嗒
嘀嗒 嘀嗒
嘀嗒 嘀嗒
嘀嗒 嘀嗒
嘀嗒 嘀嗒
嘀嗒 嘀嗒
嘀嗒 嘀嗒
嘀嗒 嘀嗒
嘀嗒 嘀嗒
嘀嗒 嘀嗒
嘀嗒 嘀嗒
嘀嗒 嘀嗒
嘀嗒 嘀嗒
嘀嗒 嘀嗒
啊！坚持不住了！
啊！
啊！我只能集中注意力15分钟？

不要气馁！小学低年级学生的平均注意力集中时长就是15分钟。
实际上，今天您在这里我才能坚持15分钟。在家的话，很多时候都不学习。
我达到了平均值！
不要气馁。
第一天
今天一定要先做作业！
想不起来作业是什么了。
嗯……
躺5分钟想想！
呼噜噜
第二天
想专心学习，得先整理书桌。
书桌太乱了
唉！打扫完卫生该睡觉了。
嗖
嗡嗡嗡嗡嗡

第三天
昨天没做作业，挨骂了，今天一定要做作业。
烹饪学堂
2020.12.21
就看一段视频，看完就写作业。
第10个视频
啊，这道菜好神奇！

大概猜到了。走吧，你带路！
什么？去哪儿？
走吧！

你说去哪儿？当然是你的房间了！我今天特意变身为“上门悟学道长”！
这边！

小厨的房间
烹饪学堂

杂乱的环境使大脑很难集中注意力

科学家研究过人的大脑在一片狼藉的房间里会受到什么影响。结果发现，如果人们眼前的东西多，就很难集中注意力。因为综合可见信息的视觉皮层部分受到的刺激太多。学生为了学习而坐在书桌前，书桌上却放着漫画书，墙上贴满电影海报，那会怎么样呢?大脑需要处理的信息太多，学生就无法完全专注于学习。

一般，你摸摸我的头。
为什么突然间让摸头？
我的大脑受虐过度，你看看有没有冒烟。
唰
嗯……
这个？
这个呢？
还有……
忙！好忙！
东奔
西跑
再也受不了了！
我不干了！
呼
嗷
好烫！
不行！得马上打扫卫生！
等等！首先，你要知道什么样的房间才对学习有帮助。专家，帮帮忙！
砰
唰

专家谈

怎么布置房间有助于集中注意力

1 书桌上什么杂物都不放

这样可以防止书桌上堆积物品。学习时，只拿出必需用品，学习完再收起来。不知该如何整理杂物的话，可以准备个大筐子，把杂物都放进去。

2 书桌摆在一侧头就能看到门的位置

学习时，最好坐在斜对门的位置。这样外面有什么动静一侧头就能看到，不至于动作太大影响注意力。

3 床要放在学习时看不到的地方

学习的时候最好背对着床。因为看到床总会想躺下。

4 学习时要拉上窗帘

学习时如果能看到窗外，容易分散注意力。因此，书桌前的窗户一定要安装窗帘。

周边环境会影响大脑的记忆

大脑在记住某个信息的同时，还会记住周边信息，即周边环境也会被一起记住。因此，我们可以借助相似的环境来帮助我们记忆。

心理学家艾伦·巴德利发现，潜水员一下水就容易忘记岸上发生的事情，一上岸又回忆起来了。于是他做了一个有趣的实验：让潜水员在水下背诵单词。实验结果表明：潜水员在水下能更好地记住这些单词，上岸后就很容易忘记，再回到水下时又很快记起来。由此证明，当人处在与学习环境相似的环境中时，记忆会更清晰。

现在知道我想说什么了吧？如果边听音乐边学习，那么，不听音乐的时候可能就想不起来当时的学习内容。但上课或考试的时候根本不可能边听音乐边进行。

学习有方 唰

集中注意力的有效方法

真的有能提高注意力的声音吗？

虽然音乐对提高注意力的效果尚不清楚，但有对集中注意力有帮助的噪声，如雨声、溪水声等。这种噪声叫作“白噪声”。如果你听到这种噪声，集中注意力时脑波会增强。

运动能集中注意力吗？

在进行了有氧运动后是可以提高注意力的。运动时，心跳会加快，这是因为运动时会生成促进脑细胞增长的物质。建议坚持跑步或游泳。

有没有注意力比较集中的时段？

从早晨8点到下午2点，人的注意力比较集中。因为生物钟可以调节激素和体温，使头脑清醒。这段时间学习相对难的科目比较好。

房间整理好之后

哗哗——
听听能提高注意力的雨声。
好吧！试试吧！开……始！
嘀嗒
嘀嗒
20
啊啊啊啊！
啪
嘎吱
啊！
啊，真的有效果！悟学道长真厉害！
怎么样？
哐当
天哪！旺仔，你什么时候来的？
嗖
我根本就没走
现在马上走！
嗖
我根本就没走
赶快走！

第五章

准备单元测验

专家谈

为什么只有我们班要单元测验

×××小学 教导主任

是否进行单元测验是由授课老师决定的。如果他觉得有必要通过考试来检验你们某阶段的学习效果，就会进行测验。单元测验的时间不是固定的，因此不会全校统一。

悟学道长，现在告诉我们怎么准备考试吧！
前面说的上课注意听讲、仔细记笔记、坚持复习等，都是在为考试做准备。
不是，不是这些。我是指怎么考前冲刺！
是呀，小厨说如果这次考好了，他爸妈就给他换新相机。
单元测验近在眼前，现在要做的不是突击复习，而是检验这期间你们学得怎么样。
那样真的行吗？
好吧，现在我就告诉你们怎么检验学习成果。出来吧，学习符！
呀呼

悟学道

考试前怎么检验学习成果

1 绘制思维导图

思维导图有助于学生掌握知识点的走向。细细整理主要内容，每个小单元的内容最好总结在一页纸上。最后，把所有思维导图集中在一起，就相当于整理出了一个大单元。

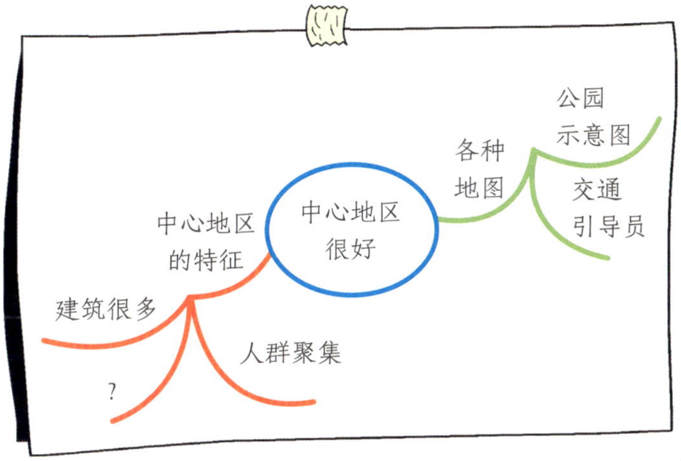

绘制思维导图的方法

1. 中间写上单元小标题。
2. 以小标题为中心向周围发散，把记忆中学过的内容写出来。有需要可以借助图画和符号。
3. 记不起来或模棱两可的部分，用问号标记。
4. 查阅课本或笔记，把标问号的部分补充完整。

2 把学过的内容复述给别人听

把学过的内容讲给朋友或家人听吧！如果能讲得浅显易懂，说明已经消化了所学的知识；如果讲不清楚，说明还没有完全理解，需要重新学习。

3 给自己出考题

把自己当作老师，给自己出考题。在出题的过程中，能领悟到哪些内容和知识点适合出题。

所谓完全变态，是昆虫一生中所要经历的 ____ 阶段。

____ 就是指示东南西北方向的东西。

填空题

把便利贴贴在课本或笔记本上，遮住重点。也可以用修正带盖住重点词，制作填空题。不过，要提前把答案记在别处，以免忘记。

★要想观察植物的一生，在芸豆和松树两者中，最好选择松树。 ○ / ×（圈出 ×）

★市场和车站的共同点是聚集的人很多。 ○ / ×（圈出 ○）

判断题

把内容相似或容易混淆的知识点做成判断题，有助于巩固概念。

★你知道在观察芸豆生长的过程中，需要重点关注的是什么吗？

重点关注新长出的叶片数和枝条数。

★试着说说把小区的绿化带变成停车场有哪些弊端。

侵害业主权益、破坏环境。

论述题

出解释科学原理、阐述实验目的、定义事例和社会概念的问题。这类题目可以锻炼我们的逻辑思维、文字表达等能力。

单元测验的前一天
呼呼大睡
惊醒
你们的单元测验准备得怎么样了？
悟学道长！
悟学道长，按您上次教的方法，我回家给爸爸讲述了昆虫的一生。
几天前
昆虫的发育分为完全变态和不完全变态。
完全变态是要经过“蛹”的阶段，而不完全变态不经过“蛹”的阶段。
王一般博士
王一般的爸爸
哇……
一般博士，“完全”有“好”的意思，那成蛹意味着更好吗？
好奇
这、这个嘛……
那这个问题跟爸爸一起在书中找找答案吧！

考试答题技巧

1 难题用星号标记☆

拿到试卷先快速浏览一遍，看上去很难的题用星号标记好放一边，先解容易的题。这样可以科学分配时间。

2 认认真真审题

题目中重要的信息用下划线标记，要多加留意。题目中表否定的词，如“错误的/不同的”用△标出来；表肯定的词，如“正确的/相同的”用○标出来；表范围的词，如“最/全部”用□标出来。使用不同的符号区分比较醒目，可以减少失误。

单元测验

年级：____ 班级：____ 姓名：____

1. 在研究水对芸豆生长过程的影响的实验中，不需要改变的条件是____。
   A.水 B.温度 C.空气 D.脱脂棉

2. 根据水对芸豆生长过程影响的实验，将以下说法中正确的全部选出来。
   A.实验时使用生长无太大差异的芸豆。
   B.芸豆苗枯萎是因为没浇水。
   C.实验时，生长条件设置应有所不同。

3 注意考试时间

如果所剩的时间不多，要先做会做的题，一直纠结于不会做的题只会使得会做的题也没时间做。最好能留出时间从头到尾检查一遍试卷。

4 检查是否写了名字和漏答题目

有时候因为过于紧张，学生会连名字都忘记写。不要漏答题目，字迹一定要工整，要让老师能看清楚。

这个对考试也是有帮助的嘛！
对！我也想知道！
唰
好吧，那就问问你们的学长们是怎么猜的吧！

儿童说

遇到不会做的选择题怎么办
市第一小学毕业生
小惠
如果只能猜的话，我会猜最长的或者最短的那个选项。
市第二小学毕业生
小志
我嘛，就闭上眼，心里默念“悟学道长告诉我正确答案”，然后闭上眼点选项，点到哪个就选哪个。
市第三小学毕业生
阿宝
我是靠转笔来选的。把选项序号写在草稿纸上，笔尖指向哪个就选哪个。
市第四小学毕业生
熙熙
老师出题的时候，答案选项的分布应该比较均匀，如果总体选C的最少，那我就猜C，这是我通过逻辑推理得出的结论。

指
指
指
指
指
指
指
天哪，竟然有这么多种猜题方法！
不过，这样能蒙对吗？
当然……
唰
挠头
挠头
出来了，马上……
期待
期待
哇哇！
哇哇哇！
不可能蒙对！
嗖
唰
唉！
唉！
唉声
叹气
好了，该回家了。猜答案是不靠谱的。经过认真学习和复习，我相信你们一定会考好的。
熬夜没效果！
知道了。您不是说大脑需要时间消化学过的知识吗？
是呀！再看一遍笔记就上床睡觉。
好！别紧张，像平常一样就好。
很好！
击掌

第六章

考完试就不用学习了吗

单元测验当天

6059
HYUNDU
悟学道长，我考了80分，现在可以尽情看视频了！
快来！
您看，90分！今天金嘚瑟什么话都没说！哈哈！
你们辛苦了！下次单元测验时，你们就不用那么担心了。
唉，怎么可能不担心？毕竟是考试！以后都不考试就好了。
是呀，是呀！真不知道为什么要考试！
嗖嗖
什么？
你们难道真的不知道为什么要考试吗？
明天考试，后天考试。
考试是老师对学生的惩罚吧？“你们这些捣蛋鬼，不听话是吧？那就考试！”
对的！
肯定是这样！
怎么可能？我们去请老师解除误会！
轰隆轰隆 啪嚓
哎哟喂
啪啪
砰

专家谈

为什么要考试

考试是为了检验大家对所学知识的掌握程度，为后面的学习计划提供参考。所以，每个单元结束后都会按照规定的达标要求来出考题。达标要求是指对课本内容理解程度和运用程度进行评价的标准。

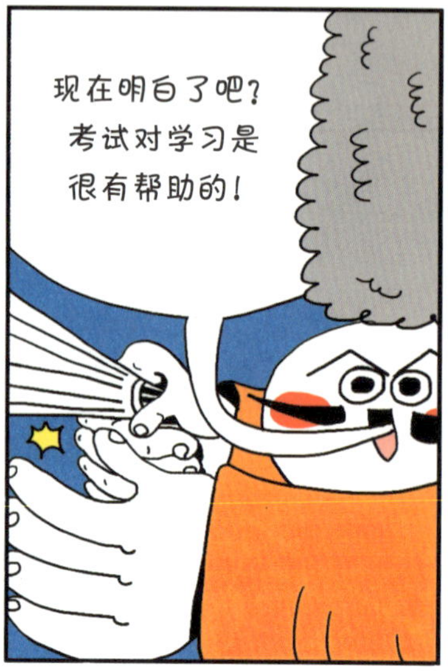

考试也是学习

考试可以帮助学生记忆所学的知识，这种现象叫作“考试效应”。有教育专家做过实验，他们找了两组大学生，一组学习后进行考试，另一组学习后只复习，然后再测试他们对所学知识的记忆程度。实验结果表明，经过考试的学生对所学的知识的记忆更加牢固。

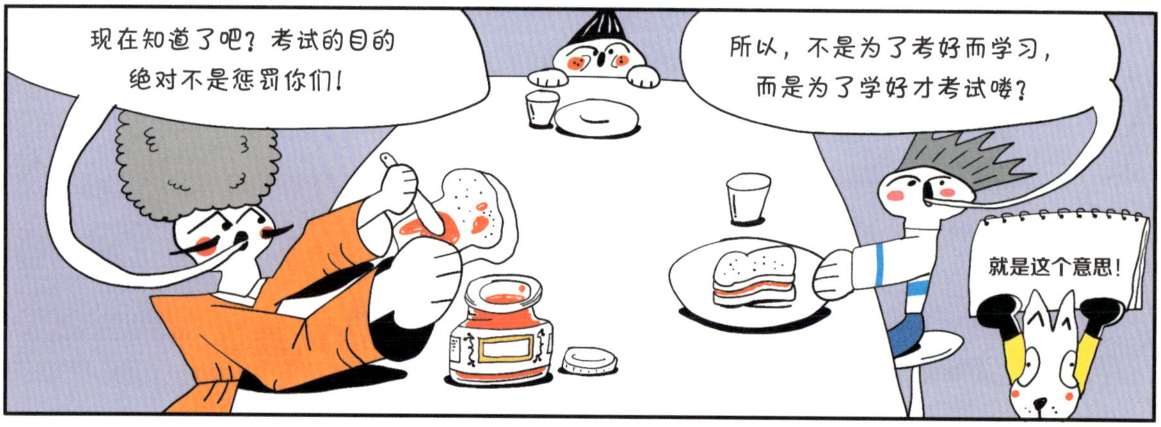

学习大师办公室
那今天考完试后，回家把没看完的视频看完！
再见！
大师资格证
那个，嗒嗒……
唔唔……
可我知道活用试卷，提高学习效率的方法……
特别简单……
什么？
您说什么？
我是说，我有一个特别简单又特别有效的学习方法！
什么方法？
嗖
那是……
噔噔
来，再一起分析分析试卷！
王一般 90
罗小厨 80
噔
啊！又要看试卷？
试卷在考试的时候已经看够了！

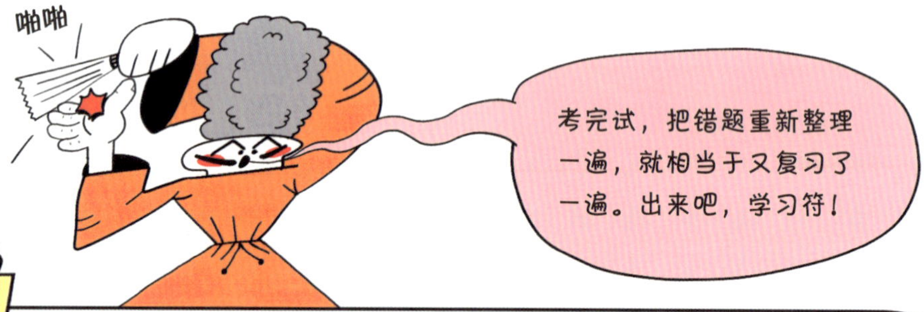

考完试如何整理错题

先在专用的笔记本上抄写错题，重做一次。核对答案并梳理解题过程，分析一下之前为什么会做错。接下来我们看看具体的例子吧！

如果题目中有不认识的词

下面是关于什么的说明？

名词解释

利用山进行林业生产等活动的村落。

我的答案：农村。
正确答案：山村。
错误原因：不认识“林业”这个词。
<词义>
林业：培育和保护森林，合理开发利用木材和其他林产品的生产事业。

从课本或笔记中找到相关内容进行整理，也可以查字典看词义。

如果不明白题目的意思

阐述以下解决停车问题方案的缺点。

解决方案

铲除小区的绿化带，改为停车位。

我的答案：？
正确答案：破坏环境，侵犯业主权益。
错误原因：完全不懂题目的意思。
<梳理概念>
小区的绿化带归全体业主所有，私自拆除已经建设好的绿化带是违法行为。

这是完全不会的题，所以必须要梳理清楚概念和内容。
从题库里找类似的题目做。

如果因为粗心而错

计算题。

妈妈本月转出6次1000元，7次100元和18次10元，妈妈本月一共转出了多少钱？

我的答案：

1000 x 6 = 6000

100 x 7 = 700

10 x 18 = 18 → 错误原因：乘法计算失误。

6000 + 700 + 18 = 6718

正确答案：

1000 x 6 = 6000

100 x 7 = 700

10 x 18 = 180

6000 + 700 + 180 = 6880

虽然理解题意，但是在解题过程中可能因为粗心而导致做错。
这种情况，要标出自己解题过程中错误的部分，再重新认真地做一遍。

好了，这样就
真的完事了！
好开心！
回家打游戏喽！
我要看那些
没来得及看
的视频！
嗒嗒 嗒嗒
嗒嗒嗒
好！今天我也要开开
心心地……啊，旺仔！
咦，旺仔！
要不吃碗炸酱面？
啦啦啦！
好了，走吧！
真酷！
咯咯
吼吼
哈哈

几天后
飕飕
学习大师
悟学道长！
咦，锁门了！
他是不是出去了？
又过了几天
今天又锁门了？
唔……
那是什么？
晴天霹雳

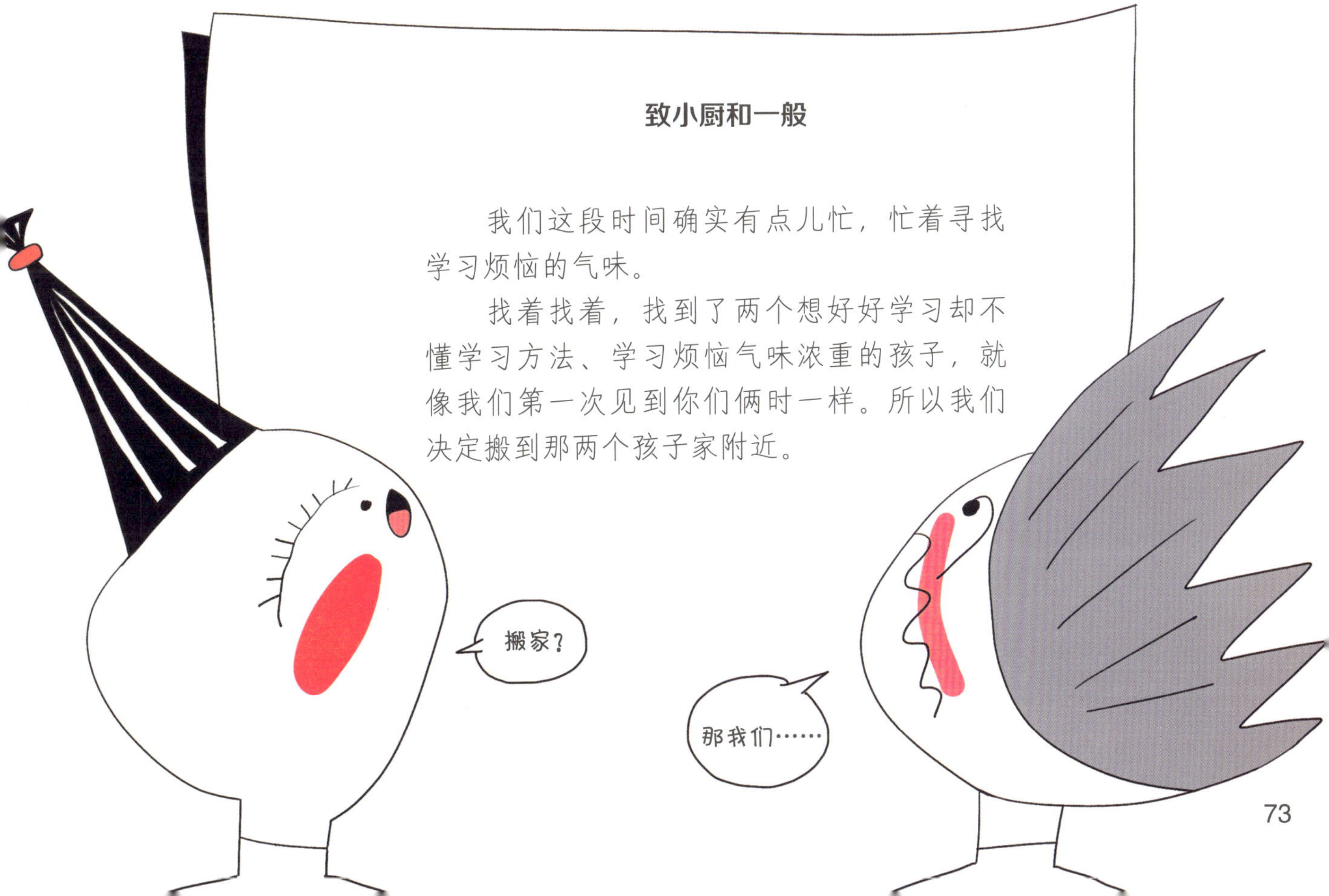

致小厨和一般
我们这段时间确实有点儿忙，忙着寻找学习烦恼的气味。
找着找着，找到了两个想好好学习却不懂学习方法、学习烦恼气味浓重的孩子，就像我们第一次见到你们俩时一样。所以我们决定搬到那两个孩子家附近。
搬家？
那我们……

你们现在不再散发学习烦恼的气味

旺仔写的

旺仔发现你们身上已经不再散发学习烦恼的气味。
也就是说，你们已经懂得了学习方法，不再需要我们了。
请原谅我们只留下一封信就离开了，
因为旺仔是只爱哭狗……

不过，我们也不是再也见不到了。
以后你们有学习烦恼的时候我们还会回来。
再见了，后会有期！

悟学道长与旺仔

大脑开发项目

的挑战

写上你的名字

项目实行

月 日

1 唤醒大脑

左右手做不同手势可以唤醒大脑。在解题前，让我们活动活动手指，做一些热身运动。

手指操

1. 双手握拳。
2. 左手伸小指，右手伸拇指。
3. 左手伸拇指，右手伸小指。
4. 唱喜欢的歌。
5. 跟着歌的节拍，重复步骤2、3。

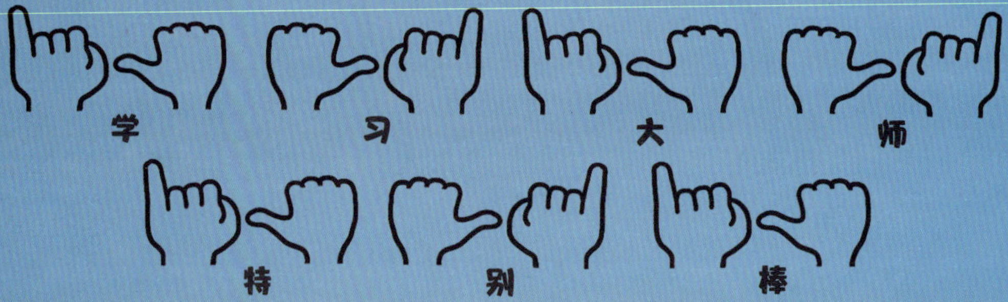

谁出错最少？
跟朋友们比一比吧！

名次	姓名	出错次数
1		次
2		次
3		次
4		次

选择了什么歌曲？

给难易程度打分。

☆☆☆☆☆

项目实行

月 日

2 培养观察力

认真观察图片，找出正确答案。观察力会噌噌提高的！

拼接扇面

悟学道长的扇子被撕碎了。找出以下不属于扇面的一片碎片。

制作骰子

用以下展开图制作骰子。下列选项中哪个是不能实现的？

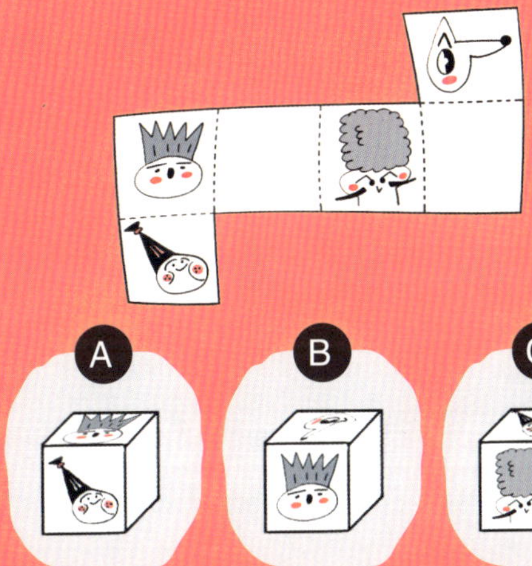

找相同

请找出与例图完全相同的卡片，凑成一对。

答题详解

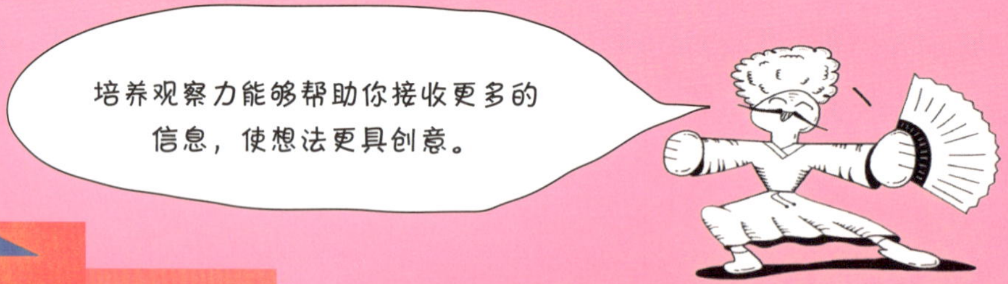

拼接扇面

试一试按照字母顺序把碎片拼接在扇面上。

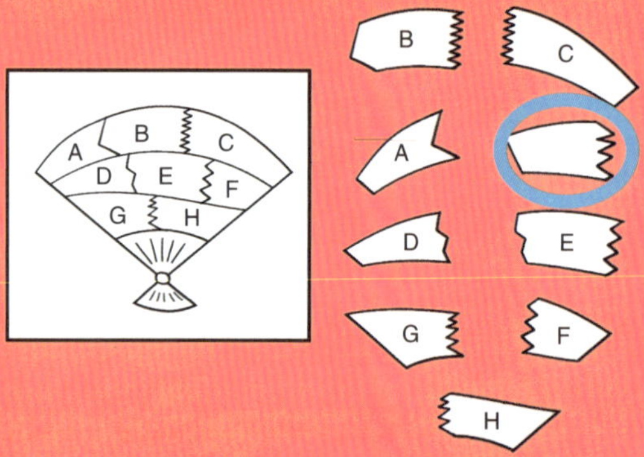

制作骰子

把展开图折起来后，悟学道长的头像是倒置的。

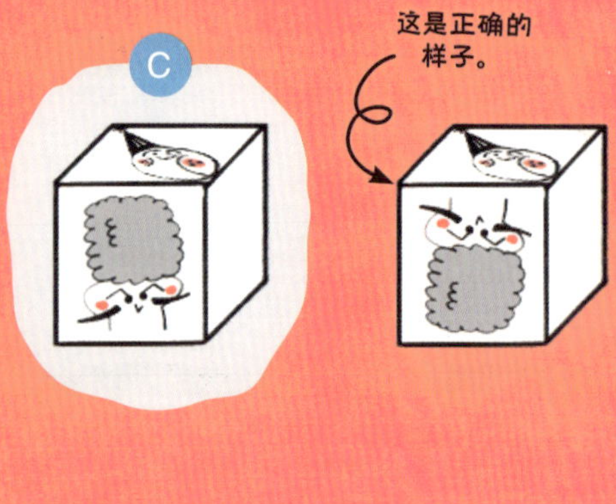

找相同

比较外星人、宇宙飞船以及悟学道长脚下的那片区域的颜色。

3 培养推理力

充分发挥推理能力，把故事的片段连接起来。不要放过表示时间变化的线索。

修理监控

悟学道长的办公室来了一个可疑的人，但不巧监控出了故障，画面杂乱无章地混在一起了。试着排列下列画面，推测发生了什么事。

照片排序

小厨、一般、悟学道长和旺仔一起去了游乐园。

请按拍照顺序排列以下照片。

答题详解

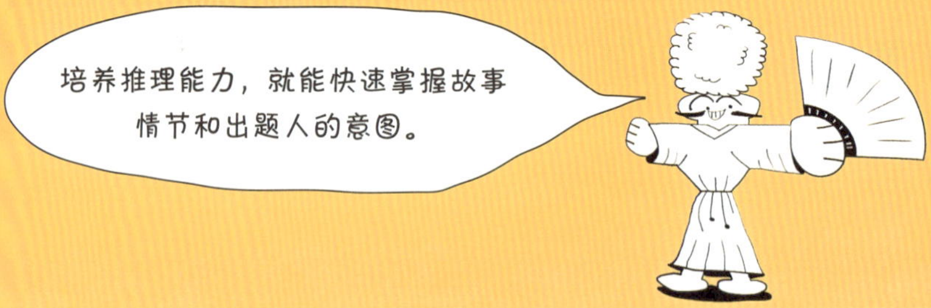

修理监控

修好监控后发现，可疑的人向悟学道长借了手纸后又还回去了。看来是一个着急上厕所的人。

照片排序

到达游乐园，他们先坐海盗船，然后买棉花糖，坐旋转木马。傍晚坐过山车，天黑看烟花。

4

思维训练

通过解火柴题和公式题训练思维。请通过移动火柴做火柴题；把给定的数字相加、相减、相乘、相除，然后找出规律，解公式题。

1. 完成等式

只移动1根火柴，使等式成立。

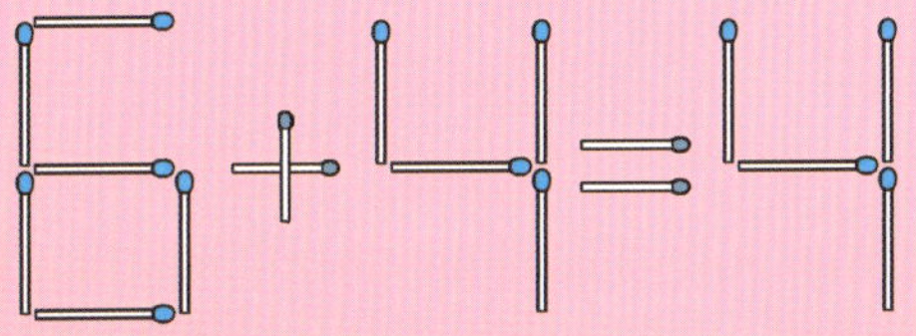

2. 拼出4个三角形

移动3根火柴拼出4个三角形（三角形的大小可以不同）。

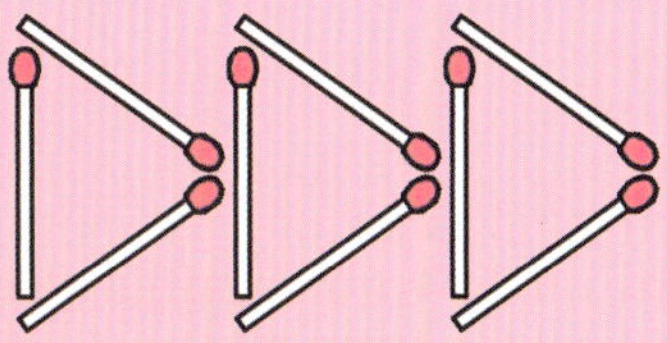

3. 拼出3个正方形

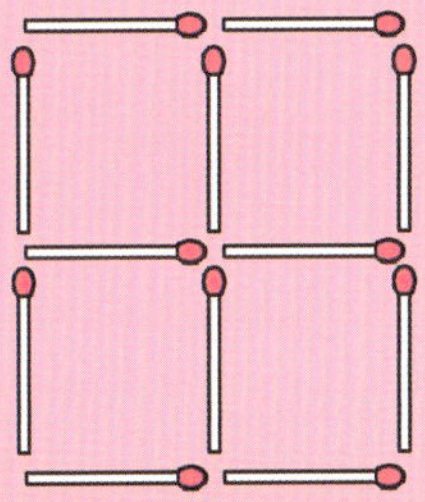

移动4根火柴，拼出3个大小相同的正方形（4根火柴必须全部用上）。

4. 求“？”的数值

找出▲隐含的运算，求出“？”的数值。

4▲5=91　1▲7=86

2▲4=62　3▲4=?

5. 求“？”的数值

找出♣隐含的运算，求出“？”的数值。

12♣5=6　2♣7=5

3♣4=3　6♣8=?

6. 求“？”的数值

找出▣隐含的运算，求出“？”的数值。

8▣7=48　4▣5=16

2▣8=14　3▣4=?

7. 数字数独游戏

将1、2、3填入空格，每一行和每一列都不能有重复的数字。

	1	2
2		
		3

8. 字母数独游戏

将a、b、c、d填入空格，每一行和每一列都不能有重复的字母。

		c	b
b	c		a
c			d
	d	b	

9. 图形数独游戏

将○、☆、□、△填入空格，每一行和每一列都不能有重复的图形。

☆	□		
□	△	☆	
△		□	

10. 数字数独游戏

将1～6填入空格，每一行和每一列都不能有重复的数字。

6		4			1
			4	5	6
1		5	3	6	2
	6	3	5		4
4	3	6			
5	1		6		3

答题详解

1. 完成等式

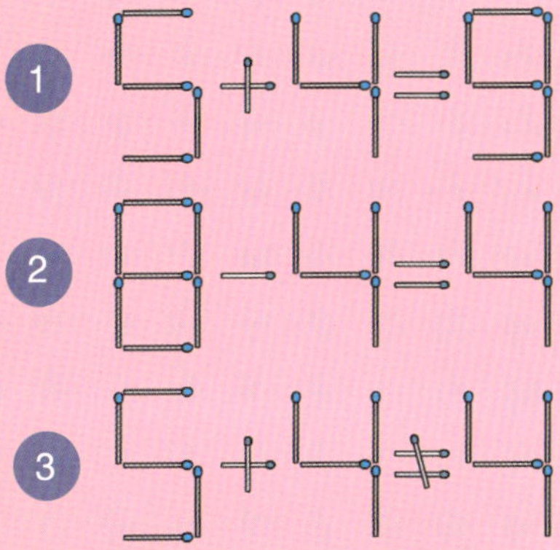

2. 拼出4个三角形

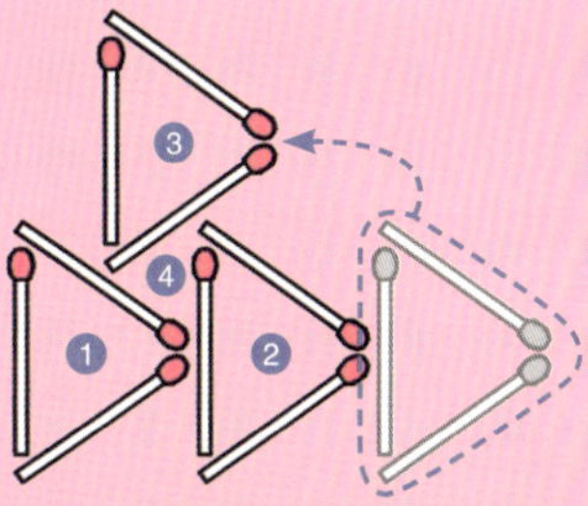

3. 拼出3个正方形

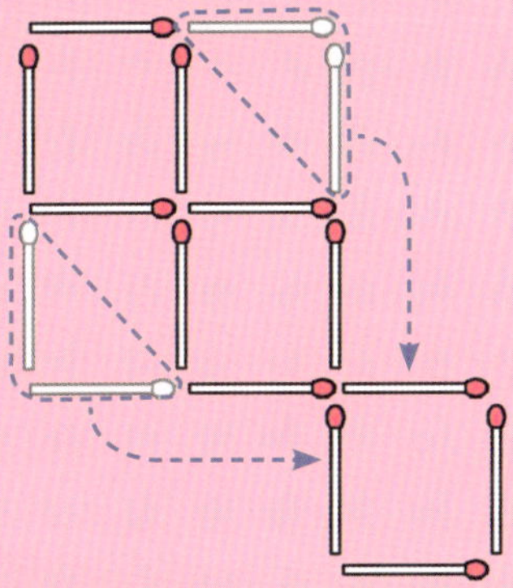

求“？”的数值

4\.

3▲4=71

3+4=7， 4−3=1

5\.

6♣8=12

6x8=48， 4+8=12

6\.

3▣4=9

3x(4−1)=9

数独游戏答案

将本书倒置查看答案。

7\.

8\.

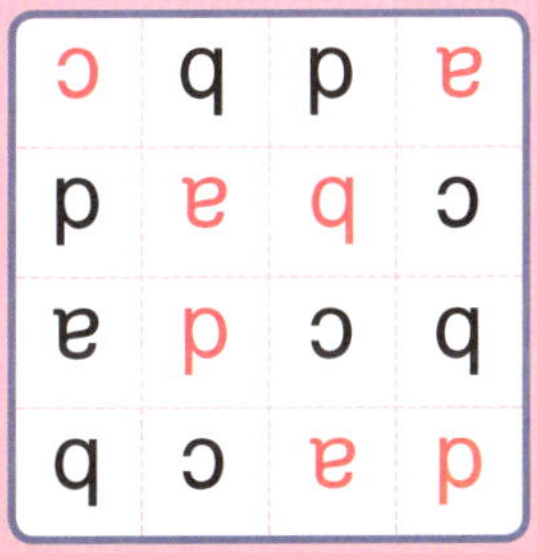

9\.

10\.

图书在版编目（CIP）数据

学习小能手 /（韩）李伶珠文 ;（韩）沈叹图 ; 霍慧译. -- 南昌 : 二十一世纪出版社集团, 2023.10
（酷小孩系列）
ISBN 978-7-5568-7361-6

Ⅰ. ①学… Ⅱ. ①李… ②沈… ③霍… Ⅲ. ①儿童故事一图画故事一韩国一现代 Ⅳ. ① I312.685

中国国家版本馆 CIP 数据核字（2023）第 093510 号

酷小孩系列
学习小能手 XUEXI XIAO NENGSHOU
[韩]李伶珠 / 文　[韩]沈　叹 / 图　霍　慧 / 译

出 版 人　刘凯军
责任编辑　万　静
责任制作　章丽娜
出版发行　二十一世纪出版社集团
（江西省南昌市子安路 75 号　330025）
网　　址　www.21cccc.com
印　　刷　南昌市红星印刷有限公司
开　　本　860 mm×1040 mm　1/16
印　　张　5.25
字　　数　65 千字
版　　次　2023 年 10 月第 1 版
印　　次　2023 年 10 月第 1 次印刷
印　　数　1～5000 册
书　　号　ISBN 978-7-5568-7361-6
定　　价　35.00 元